NEUF ANS

DE SÉNATORIAT

DU MÊME AUTEUR

Histoire synoptique des Coups d'État en France. 18 Brumaire. 2 Décembre. 16 Mai 1877. Le général Boulanger. 1 fr. Paris, Dentu, 1888. 4e édition.

Dix-neuf ans de République. 1 fr. Paris, Dentu, 1889.

Dix-neuf ans du Conseil Municipal élu de la Ville de Paris. 1 fr. Paris, Dentu, 1890.

ÉMILE COLIN. — IMPRIMERIE DE LAGNY.

DOCTEUR CHASSAGNE

AUX ÉLECTEURS SÉNATORIAUX DE 1891

NEUF ANS DE SÉNATORIAT DU TIERS RENOUVELABLE DU SÉNAT

1882-1891

Des Faits !

Prix : UN Franc

PARIS
E. DENTU, ÉDITEUR
LIBRAIRE DE LA SOCIÉTÉ DES GENS DE LETTRES
3, PLACE DE VALOIS, PALAIS-ROYAL

1890

AUX ÉLECTEURS SÉNATORIAUX DE 1891

NEUF ANS

DE

SÉNATORIAT

DU TIERS RENOUVELABLE DU SÉNAT

1882-1891

Des Faits!

PARIS
E. DENTU, ÉDITEUR
LIBRAIRE DE LA SOCIÉTÉ DES GENS DE LETTRES
3, PLACE DE VALOIS, 3

1890

AUX ELECTEURS SÉNATORIAUX DE 1891

NEUF ANS

DE SÉNATORIAT

Sur les **79** sénateurs renouvelables de la série ou tiers C, **49** ont été élus le 8 janvier 1882 — il y a 9 ans. Les **30** autres (*noms en italiques*) n'ont siégé qu'à des dates plus récentes, par suite de deuil sénatorial trop fréquent.

Il y a donc les *seniors*, ce qui ne veut pas dire qu'ils soient plus âgés, et les *juniors*, ce qui n'implique pas qu'ils soient plus jeunes. En fait, l'âge moyen est moins élevé qu'on ne le médit, et pour le tiers renouvelable en 1891, il demeure exactement de 58 ans.

Les **30** départements électeurs en janvier 1891 sont :

Orne. — *Libert*, Poriquet, de la Sicotière.

Pas-de-Calais. — Demiautte, Huguet, d'*Havrincourt*, *Paris*.

Puy-de-Dôme. — *Gaillard*, *Girot-Pouzol*, Guyot-Lavaline, *Le Guay*.

Pyrénées (Basses-). — Marcel Barthe, *Haulon*, La Caze.

Pyrénées (Hautes-). — Général Deffis, Dupré.

Pyrénées (Orientales). — Emmanuel Arago, *Escarguel.*

Rhin (Haut Territoire de Belfort), Fréry.

Rhône. — Guyot, E. Millaud, Munier, *Perras.*

Saône (Haute-). — Jobard, Noblot.

Saône-et-Loire. — Demôle, *Félix Martin*, Mathey.

Sarthe. — Cordelet, Le Monnier, Rubillard.

Savoie. — Carquet, *Forest.*

Savoie (Haute-). — Chardon, Chaumontel.

Seine. — De Freycinet, Georges Martin, Peyrat *Poirrier*, Tolain.

Seine (Inférieure). — Ancel, Lizot, Pouyer-Quertier, général Robert.

Seine-et-Marne. — *Dufraigne*, Foucher de Careil.

Seine-et-Oise. — *Decauville*, Feray, *Journault*, *H. Maze.*

Sèvres (Deux-). — Bergeon, Garrau de Balzan.

Somme. — Dauphin, *Jametel*, *Frédéric Petit.*

Tarn. — Barbey, *Bernard-Lavergne.*

Tarn-et-Garonne. — Garrisson, *Delbreil.*

Var. — *Daumas*, Ferrouillat.

Vaucluse. — Gent, *Guérin.*

Vendée. — *De Béjarry*, *Biré*, Halgan.

Vienne. — Général Arnaudeau, *de Beauchamp*, général Ladmirault.

Vienne (Haute-). — *Donnet*, *Pénicaud*, Teisserenc de Bort.

Vosges. — *Charles Ferry*, George, Kiener.

Yonne. — *Coste*, *Guichard.*

Oran. — Jacques.

Indes françaises. — *Jacques Hébrard*

Nous allons examiner impartialement, avec le rôle législatif du Sénat, celui des sénateurs renouvelables comme orateur, rapporteur, auteur de propositions de loi, de contre-projets, d'amendements, d'articles additionnels, interpellateur, interrupteur, votant ou même simple abstentionniste, tout ce qui peut donner la mesure publique *du travail, des votes et des faits.*

Disons d'abord que 184 lois ont été promulguées pendant les 9 ans 1882-91.

Moyenne annuelle, 20,4;

Sur lesquelles 17 d'initiative sénatoriale et 16 présentées par le Gouvernement au Sénat; c'est là plus particulièrement son œuvre personnelle.

Pour les 151 lois restantes, dont 49 de l'initiative de la Chambre et 102 des ministères, elles ont été modifiées de façon souvent heureuse, précisées, mais il faut tout dire, quelquefois amoindries.

CHAPITRE I

FAITS du Sénat pour la PROTECTION AGRICOLE

Les lois de défense agricole sociale et commerciale constituent plus spécialement le travail utile sénatorial de 1882 à 1891 (1).

1° Défense générale de la propriété.

Le **Code Rural** attendu par tous les propriétaires depuis 1791, est le grand œuvre d'initiative du Sénat. Il n'a pas dépendu de lui que des deux livres, *Régime*

(1) Nous ne dirons rien des déclarations d'utilité publique, annulations de crédits, autorisations d'emprunt, impositions extraordinaires, surtaxes d'octroi pour le vin ou l'acool, échanges de terrains avec l'État, etc., sur l'étude desquelles M. Le Monnier, sénateur renouvelable de la Sarthe, a fait cette révélation — connue : « Je ferai observer que les membres des Commissions d'intéret local sont désignés par le sort, mais qu'ils ne viennent presque jamais aux réunions. (*Hilarité.*)

Voix. — C'est vrai.

Un sénateur à droite. — C'est vous seul qui êtes la Commission.

M. Le Monnier. — La Commission est nommée comme toutes les autres, seulement, je le répète, quand on convoque les membres, personne ne vient. (*Nouveaux rires.*)

(*Journal officiel,* 13 avril 1889, p. 475.)

du sol et *Régime des eaux*, le premier le plus pratiquement applicable aux propriétés, présenté en 1876 par M. Teisserenc de Bort, sénateur renouvelable de la Haute-Vienne, soit actuellement promulgué.

Le Sénat a voté presque tous les titres du *Régime du sol* dès 1878. Et depuis douze ans il en voit revenir les chapitres dans un ordre un peu dispersé. Ce beau désordre, qui est un effet de la Chambre, a involontairement affaibli l'action diminutive en procès, chicanes coûteuses et « abus des rôles » de ce Code. Son titre I, sur les chemins et sentiers d'exploitation, chemins ruraux, mitoyenneté des fossés, arbres et clôtures, adopté en 1881, est hors de notre étude.

Mais le 6 août 1884, le titre VIII, le dernier, arrive par interversion le deuxième ; il traite des rédhibitions dans les ventes et échanges d'animaux domestiques, réduit à 10 les 17 vices rédhibitoires de la loi de 1838, et substitue à la « pousse », par exemple, des termes précis mieux défendus des procès.

Le titre VI, « des animaux employés à l'exploitation des propriétés rurales », venu troisième, toujours par interversion, et « rapporté » à la Chambre le 1er février 1883, n'a pu, jusqu'à la fin de la législature (juillet 1885), *pendant 17 mois*, venir à discussion. D'où représentation à la législature suivante par un nouveau rapporteur. Les débats ne semblent pas s'en hâter et bien qu'ils soient brefs en première et deuxième délibération, la promulgation n'a lieu que le 4 avril 1889 — sept ans après le vote du Sénat.

Il y a là un exemple des retards imputables pour partie à ce renouvellement intégral de la Chambre, qui exige des réenfantements de lois. (V. p.)

Le titre II, « parcours de vaine pâture (1), vente de blé en vert, durée de louage des domestiques et ouvriers ruraux » (2), revenu de la Chambre avec des

(1) Le maintien subordonné aux avis des conseils généraux et municipaux, art. 3.

(2) Réglé suivant l'usage des lieux, art. 15.

modifications que le Sénat trouve fondées, est promulgué le 9 juillet 1889. Toutefois, dans ces modifications (et ceci semble prouver qu'il n'y a pas trop de deux Chambres et de deux analyses patientes pour ces textes étudiés des avoués), figurait l'interdiction de vaine pâture, dans les prairies artificielles et *naturelles*. Ce dernier mot a dû être supprimé par une loi nouvelle du 24 mai 1890 (rapporteur M. Demôle, sénateur renouvelable de Saône-et-Loire), devant les litiges et plaintes affluant aux ministères des sociétés départementales, conseils généraux, municipaux et comices agricoles.

A son tour, après neuf ans de stage à la Chambre (exactement de juillet 1880 à mars 1889), le titre IV, *Bail à Colonat partiaire*, revient au Sénat avec des modifications légères, légèreté s'accordant peu avec le laps écoulé ; il est promulgué le 18 juillet. Voilà donc quatre lois votées un peu lentement. Des deux qui restent, le titre III, « police rurale, sécurité publique, salubrité, protection des animaux utiles, destruction des animaux nuisibles (1) en 1898 articles, a reparu au Sénat qui l'adopte après 5 séances de deuxième délibération, le 18 mars 1890.

Mais le titre V, lui, « *Des baux emphytéotiques* ou à long terme », n'a pas encore reparu.

Son rapport n'est même pas déposé. Il est d'application plus rare, il est vrai.

Une septième loi agricole d'initiative sénatoriale, sur la destruction des insectes cryptogames et autres végétaux nuisibles à l'agriculture (rapporteur M. de la Sicotière, sénateur sortant de l'Orne), fait quelque peu double emploi avec la loi sur la chasse (amendée

(1) « Il y a des départements où le cerf et la biche sont dits animaux nuisibles, d'autres non. »

M. Peaudecerf, *rapporteur*. — C'est précisément pour cela que le projet de loi fait des désignations. Le Code rural fixera l'opinion des préfectures.

(*J. off.*, 28 novembre 1889.)

par M. Garrau de Balzan, sénateur renouvelable des Deux-Sèvres), et le titre III du Code rural ; mais redoutant une étude certainement approfondie, donc peu rapide, de ces textes que la Chambre garde assez longtemps en portefeuille, le Sénat en a fait une loi spéciale. (24 décembre 1888.)

2° Défense des droits de la propriété.

L'initiative sénatoriale se traduit ici par deux lois de protection viticole intéressant comme producteurs 17 des départements-électeurs en 1891, y compris celui d'Oran ; comme consommateurs, les 13 autres.

La première de ces lois protectrices est définie par son article 1er : « Les fûts ou récipients (1) contenant des vins de sucre, de raisins secs, des boissons faites avec des caroubes, fleurs de mowra, des clochettes, du riz, de l'orge ou autres matières sucrées, ne peuvent usurper le nom de vin. » D'où les vins récoltés par des vignerons de ville, qui ne craignent ni le mildew ni l'anthracnose, qui ne font pas une récolte par an mais une récolte par jour, doivent subir « la marque » d'indications spéciales, en grosses lettres, sur les livres, acquits, fûts et factures.

Et cependant cette bonne loi sénatoriale du 14 août 1889 a été tournée (2).

On a échappé à la « marque » par des mélanges de ces crûs industriels avec le vin de raisin frais (3).

(1) Le Sénat a substitué ce mot à celui d'*engins* de la Chambre qui n'englobait pas nettement les bouteilles. Cela montre quelle précision il faut dans un texte pour défier le barreau. Le Sénat qui compte des jurisconsultes comme MM. Barthe, sénateur renouvelable des Basses-Pyrénées, Humbert, Bérenger, Lenoël, Lisbonne, est armé pour déconcerter la chicane.

(2) De grands syndicats commerciaux, comme quelques syndicats financiers ont parfois des avoués-conseils, sinon préposés du moins exercés à l'étude des mouvements tournants.

(3) Acquit *blanc ;* vin de sucre, acquit *orange ;* de raisins secs,

Il existe en France 278 fabriques de vins de raisins secs et 56 aux environs de Paris (*J. off.*, 1890, p. 807).

Il suffit de 100 kilos de raisins, voyageant à peu de frais, sous volume restreint et enveloppe sans valeur, pour vendanger 3 hectolitres de vin (art. 8). On voit combien ce mélange, qui maléficie et trompe le consommateur, — c'est-à-dire tout le monde, — est bénéficiaire à quelques-uns.

L'article 1er du deuxième projet sénatorial, porte que les raisins secs destinés aux fabriques ne pourront circuler que comme le vin, munis d'acquits à caution ; ceux pour les familles gratuitement, en vertu de laissez-passer. Cette exception est due à l'intervention à la Chambre de M. Millerand en faveur du « vin du pauvre ».

Quelques sénateurs, que leur acte de naissance met plus à l'abri des illusions, ont manifesté la crainte qu'à l'instar des bouilleurs de cru, également tolérés pour la fabrication d'un alcool de famille, il n'y ait ici des tendances à étendre les opérations au delà de la parenté.

Mais M. Perras, sénateur renouvelable du Rhône, a combattu ces défiances. « Le meilleur moyen d'abaisser le prix du vin est d'aider à la reconstitution des vignobles, en donnant des encouragements à ceux qui les reconstituent avec tant de peine. Il n'y avait qu'une objection qui pouvait toucher la démocratie, c'est la consommation de la famille ; eh bien, cette fissure qu'on regrette, moi je m'en félicite : elle me permet de voter la loi sans aucune espèce d'hésitation. » (*Très bien et applaudissements* (1).) »

Les lois sur la répression de la fraude dans la vente des beurres (rapporteur M. Poriquet, sénateur sortant

vert. La protection du commerce sincère ne sera effective que par la tenue de comptes spéciaux. (Interpell. Griffe, 4 novembre 1890, Sénat.)

(1) L'exception est étendue aux casernes et aux Sociétés coopératives de consommation.

de la Seine-Inférieure, 1er février 1887) (1) ; sur la fraude des engrais (4 février 1888), procédant du même esprit de loyauté commerciale, ont été, sur l'initiative de la Chambre, adoptées sans modification par le Sénat.

De même les lois de protection agricole, plus large sur les *céréales*, rendues mieux défensives (27 mars 1887) en élevant à 5 francs le droit sur les blés étrangers (2), et celle de protection de l'*élevage* aussi surelevée à 35 francs pour les bœufs, 20 les vaches, 5 les moutons. (Rapporteur M. Feray, sénateur renouvelable de Seine-et-Oise.)

Il faut tout dire. La loi sur les céréales, défendue par M. Foucher de Careil, sénateur renouvelable de Seine-et-Marne, a été combattue par MM. Tolain, sénateur renouvelable de la Seine, et Millaud du Rhône, mais moins au nom d'un immobilisme doctrinal que dans la crainte de la viande et du pain plus chers, d'une incidence de l'impôt, qui s'est heureusement peu réalisée (3).

Dans un même but de protection de l'élevage, mais sur l'initiative du Sénat, a été votée la loi de surveillance des étalons (1er août 1884). Il y a en France, pour 600,000 poulinières, 12,000 étalons dont 2,500 à l'État, 1,200 approuvés et primés, le reste, 8,000, sans déclaration, et parmi eux 550 rouleurs venant de Belgique, dans les départements du Pas-de-Calais, de la Somme

(1) Cette loi a été tournée. On lit sur la devanture de marchands à Londres : « Ici on ne vend pas de beurre de Normandie. » Il faudra en venir à la coloration obligatoire. (Annexes, 1890, p. 1382.)

(2) Le *Prairie's farmer* de Chicago établissait alors le revient de l'hectolitre de blé dans les États à corn surplus (céréales surabondantes) : Wisconsin, 11 fr. 20 ; Kansas, 7 fr. 21 ; Iowa, 6 fr. 91. (*J. off.* 1885, p. 416). Le fermier du Far-West sans bail ni propriétaire, change facilement de culture, et peut produire à 6 francs l'hectolitre. (Expos. de 1889. Les céréales aux États-Unis, W : Hill, p. 6.)

(3) Le prix du pain à Paris était : 1800 à 1811, de 0,70 et 0,90 cent. le kilo, 1 franc en 1816 ; de 1874 à 1885, avant la loi de protection, 0,80 à 0,85, actuellement 0,85 cent.

et du Nord. Cette loi semble le complément logique de la loi sur les haras de 1874.

3° Transmission de la propriété.

M. Marcel Barthe, rapporteur de la loi sur les ventes judiciaires d'immeubles, a pu dire : « S'il est une réforme réclamée, c'est celle des frais de justice ; elle est aussi vieille que l'*Huître et les Plaideurs* de La Fontaine, sujet tiré lui-même des fabliaux des douzième et treizième siècles. La révision totale de la procédure civile et de ses tarifs s'impose (1). »

Cette loi du 23 octobre 1884 affranchit la petite propriété de frais d'autant plus élevés que le prix était minime ; en effet, si l'immeuble valait moins de 500 francs, les frais étaient invraisemblablement de 125 pour 100 ; jusqu'a 1,000 francs, de 50 ; jusqu'à 2,000, de 25 pour 100. C'était un impôt progressif à rebours.

Il frappait d'autant plus fort sur le pauvre — qu'il était plus pauvre.

Les électeurs sénatoriaux des nombreuses communes rurales bénéficient de cette loi qui abandonne tout droit de l'État sur toute vente judiciaire au-dessous de 2,000 francs, et au-dessous de 1,000 réduit d'*un quart* les émoluments des agents de la loi. La Commission du Sénat avait même proposé *un demi* (2).

Les propriétaires ne bénéficient pas moins de la loi

(1) Il faut dire impartialement qu'une Commission impériale, en 1865, fit une revision intégrale du Code de procédure civile, donc des ventes judicaires, en 1103 articles. Le Conseil d'État garda jusqu'en 1870 ces documents détruits par les incendies de la Commune.

(2) Un projet de loi est déposé sur un 2me impôt à rebours, les *prestations*, qui exonère les veuves, mineurs et sexagénaires même riches, des 12 francs représentatifs de trois journées de travail, et 5 centimes spéciaux. Il est vrai que trois enquêtes auprès des Conseils généraux en 1877, 1887, et 1888, ont été peu favorables,

sur les droits fiscaux à percevoir pour les échanges d'immeubles du 3 novembre 1884. Nos lois successorales conduisent fatalement à l'émiettement à l'infini des propriétés rurales, à la parcellisation ; le texte proposé avec initiative à la Chambre par M. Jametel, aujourd'hui sénateur renouvelable de la Somme, réduit tout droit proportionnel d'enregistrement et de transcription à 20 centimes par 100 francs. (Art. 1er.)

4° Dègrèvement de la propriété.

La loi toute récente du 3 août 1890 établit (art. 4) : « A partir du 1er janvier 1891 il ne sera plus assigné de contingent aux départements, arrondissements et communes, en matière de propriété bâtie. » C'est la substitution de l'impôt de *quotité*, élastique et d'une équitable mobilité, à l'impôt de *répartition*, immobile empirique, Dieu Terme « ne tenant compte ni de dépréciations ni d'augmentations locatives. » (*J. off.*, 5 août 1890, p. 497).

L'impôt de quotité existe aux États-Unis, en Égypte et dans tous les États d'Europe (sauf la Russie, le Portugal, la Serbie et l'Espagne). Cette réforme, préface de celle des quatre contributions directes, était attendue de la vaillante démocratie rurale depuis cinquante ans.

La loi dégrève 82 départements sur 86.

Grâce à elle 26,000 communes de moins de 1,000 habitants, représentées par 40,000 électeurs sénatoriaux (1), verront diminuer en 1891 leurs patentes et leur contingent annuel (2).

(1) Communes de 500 habitants et au-dessous, 1, de 501 à 1,500, 2 délégués électeurs sénatoriaux (art. 6.)

(2) Orne, 397,000 francs de dégrèvement ; Tarn-et-Garonne, 187,000 ; Pas-de-Calais, 135,000 ; Seine-et-Marne, 591,000 ; Seine-Inférieure, 371,000 francs. Dégrèvement total, 15,267,977 francs. Les droits de patente sont réduits de un quart ou de moitié dans toutes les communes de France de 2,000 habitants et au-dessous. (Art. 32.)

Ont voté *contre* ce *dégrèvement d'impôt* parmi les 79 sénateurs renouvelables :

MM. Ancel, général Arnaudeau, de Beauchamp, de Béjarry, Biré, Dufraigne, Forest, Foucher de Careil, Halgan, d'Havrincourt, général Ladmirault, Libert, Lizot, Paris, Pouyer-Quertier, de la Sicotière, général Robert, Poriquet.

5° Union des propriétaires pour la défense mutuelle et l'amélioration des propriétés.

La loi du 15 décembre 1885, qui rend obligatoires les syndicats pour la défense des vignes fondés pour cinq ans et pouvant être renouvelés, a été adoptée au Sénat à peu près sans discussion. Le respect des droits du propriétaire s'y manifeste par les paragraphes : 2, le syndicat ne peut être établi que sur la demande d'un ou plusieurs intéressés ; 3, une enquête est ouverte ; 5, le syndicat doit réunir les deux tiers des intéressés et les trois quarts de la superficie en vignes.

Votée comme la précédente, pour stimuler l'esprit d'association, la loi du 27 décembre 1888 étend aux syndicats de propriétaires les bénéfices de la loi de 1865, dont l'article 1er est ainsi modifié : « Pourront être l'objet d'associations syndicales les travaux : d'assainissement dans les villes et faubourgs, bourgs, villes et hameaux ; de drainage, irrigation, chemins d'exploitation, curage des canaux non navigables, dessèchement des marais, et toute amélioration agricole d'intérêt collectif.

MM. Biré et Halgan, sénateurs sortants de la Vendée, présentent un amendement à l'article 11, qui n'augmentant en rien le recours du propriétaire, est repoussé par le Sénat. Cette loi en cinq titres et vingt-sept articles paraît avoir été, au Sénat (six séances), l'objet d'un examen au moins aussi sérieux qu'aux trois séances de la Chambre, qui du reste adopte sans débats les modifications sénatoriales.

6° Tentatives de crédit agricole.

La proposition d'organisation du Crédit agricole mobilier présentée au Sénat en 1882 par M. Léon Say, était un projet large de commercialisation des billets à ordre agricoles, sociétés coopératives de crédit, banques populaires, etc. : Il a été réduit à une loi, « Restriction du privilège du bailleur de fonds rural et attribution des indemnités par suite d'assurance », visant des faits rares mais trop possibles. De par l'article 2102 du Code civil, si un fermier à bail authentique de dix-huit ans, voyait, en la troisième année sa situation liquidée par saisie, le propriétaire avait privilège de se faire payer les quinze ans non échus.

Ces droits un peu régaliens ont été réduits à un an, en dehors de l'année courante. (Art. 1er voté au Sénat par 165 voix contre 78.)

Cette *loi des fermiers*, avec le projet à l'étude sur les plus-values en fin de bail, par suite de création de prairies irriguées, réservoirs d'eau, vergers, vignobles, drainage, montre la sollicitude républicaine pour des entreprises dont le matériel en instruments, bétail et récoltes, pour ne pas être d'une solidité aussi immobile que divers gages, ne s'en élève pas moins dans la Beauce, Somme, Seine-Inférieure, et nombre de départements, à une haute valeur. Le Sénat, par une prudence un peu timide, a renvoyé à la Commission l'article sur la commercialisation du billet à ordre agricole qui, en définitive, n'a pas passé dans cette loi du 19 février 1889.

La théorie de la Droite a paru, dans toute la discussion, être : « Le crédit est inutile aux cultivateurs. »

M. Le baron Le Guay (1). — C'est le propriétaire qui fait des avances à son fermier.

Un membre à droite. — C'est le propriétaire qui donne à ses fermiers le crédit dont ils ont besoin.

— « Eh bien messieurs, si cela est votre doctrine, faites donc une loi qui dise que le propriétaire donne crédit à ses fermiers. (*Rires à gauche.*)

(*J. off.*, 1888, p. 185.)

Autres lois agricoles votées par le Sénat depuis 1882 (et nous nous contentons d'une simple énumération, suffisante pour les Députés, Conseillers généraux, d'arrondissement ou municipaux électeurs du Sénat) :

Loi de conservation et reboisement des terrains de montagne (5 avril 1882), défense et réglementation des pâturages communaux (23 novembre 1883) ; modificacation si démocratique à l'art. 5 du Code forestier ; partage des bois d'affouage (rapport, M. Chaumontel, sénateur renouvelable de la Haute-Savoie, 1er novembre 1887) ; exonération de quatre ans d'impôts pour les terrains replantés en vignes dans les départements phylloxérés (25 juillet 1888, loi Carnot), sur les conditions auxquelles les départements et communes peuvent emprunter pour la construction de chemins vicinaux (29 juillet 1884) ; réduction à 20 francs par 100 kilos de l'impôt du sucre destiné au sucrage de vins (2).

(1) Ne pas confondre avec le sénateur renouvelable du Puy-de-Dôme, Gilbert Le Guay, ancien préfet révoqué du 16 mai.

(2) Elevé par la loi récente du 5 août 1890, mais voté à 30 francs par la Chambre, il a été réduit à 24 francs par le Sénat, qui a eu gain de cause (art. 2). Les six lois sur les sucres, avec celle sur les maïs et les riz, tous produits alcoolisables et industriels-agricoles, viendront au chapitre II (*Protection industrielle*).

CHAPITRE II

Protection commerciale et industrielle.

1° Facilité des transactions

L'initiative du Sénat en faveur du commerce français s'est traduite par la modification du Livre II du code commercial, loi dite *de 10 ans* proposée en 1875 et promulguée en 1885. C'est un prix de lenteur. Votée par le Sénat en 1877, elle vint une première fois à la Chambre ; mais ajournée par la dissolution du 16 mai, on la représenta le 14 novembre 1877. Cette fois une législative entière s'écoule (quatre ans) sans qu'elle arrive à discussion.

D'où nouvelle présentation à la nouvelle Chambre de 1881, qui l'adopte avec modifications le 10 juillet 1882. Le Sénat modifie ces modifications avec une prestesse relative en sept mois. Les députés, ressaisis à nouveau pendant quinze mois, modifient à nouveau le 18 mai 1885. Les sénateurs acceptent quelque-unes seulement de ces corrections. Enfin troisième retour à la Chambre qui, le 1er août 1885, en limite de ses pouvoirs, adopte un texte sept fois ballotté par trois législatures consécutives, — en long voyage autour de nos Chambres.

Il paraît y avoir là un argument de *fait* et de plus en faveur du renouvellement partiel.

A vrai dire, une étude à tant de reprises est exceptionnelle. Les divergences de vues, causes de ce jeu de raquette, portaient sur le mot port fleuvial de l'article 216 les droits d'abandon du navire et de la cargaison, emprunt à la grosse sur le fret, généralisation des assurances. Le Sénat, dont les idées ont prévalu dans cette loi bien sienne, a su toucher avec délicatesse à des intérêts divers ; grâce à lui l'équipage qui, en cas de prise, bris ou naufrage, ne touchait aucune solde (art. 258), la voit au contraire stipulée avec droit de préférence (1).

Les commerçants chômaient les lundis de Pâques et de la Pentecôte sans que ce fût jours fériés légaux ; cet usage hors la loi entraînait des difficultés de fait signalées annuellement par des Chambres de commerce et maisons de banque, auxquelles la loi du 16 avril 1886 a donné satisfaction.

2° **Équité des transactions.**

Aussi d'initiative sénatoriale est la loi d'honnêteté sur l'usurpation des médailles et récompenses industrielles (Bozérian), adoptée après deux transmissions à la Chambre le 16 août 1886. Elle fut précédée d'une vaste enquête favorable auprès des Chambres de commerce, consultatives des arts et manufactures, sociétés industrielles, tribunaux civils, de commerce, cour de cassation et cours d'appel (47 pages, Annexes du

(1) Pour la navigation intérieure, le Gouvernement vient de déposer un projet créant quatre chambres de navigation du Nord, de l'Est, du Sud-Est et du Centre, ayant personnalité civile, centralisant l'outillage, éclairant sur les besoins commerciaux des usagers, extensive du réseau, etc. (Annexes 1890, n° 1583). Cette navigation emploie 15,730 bateaux en pleine charge de 2,713,000 tonnes, avec 23,141 hommes d'équipage. (Recensement de la batellerie, 15 octobre 1887, dernière parue.)

Sénat, 1881). La Chambre a introduit dans la loi les pénalités de l'article 463, que le Sénat accepte tout en craignant, ce qui s'est un peu réalisé, qu'elles compromettent partiellement les résultats. (*J. off.*, 7 mai.)

De même but est le projet de loi sénatorial de MM. Kiener et George, sénateurs renouvelables des Vosges, sur les marques de fabrique, nom commercial, raison de commerce et lieu de provenance. (Commission : MM. Teisserenc de Bort, Tolain, et Huguet sénateur renouvelable du Pas-de-Calais) (1).

Dans ses modifications à la Législation des faillites (Livre III, titre 14, de la Réhabilitation, rapp. Demôle), et la loi du 4 mars 1889, en faveur des commerçants de courage malheureux sans mauvaise foi ni faute lourde, le Sénat a souvent eu gain de cause (art. 15 ; art. 4, du liquidateur amiable ; art. 7, avis du jugement à donner par lettres recommandées, que, pour diminuer les frais, le Sénat convertit en lettres ordinaires; dans ce même souci des intérêts du commerçant, il rend facultatifs les contrôleurs *obligatoires*, dans le projet de la Chambre.

L'article 1783 du Code civil pesait quelque peu lourd sur les hôteliers et aubergistes ; la loi de 1889, sans discussion au Sénat, a limité à 1,000 francs pour espèces monnayées, titres ou valeurs, la responsabilité de ces commerçants.

Enfin, la loi sur l'élection des membres des tribunaux de commerce n'est venue au Sénat que le 23 décembre 1883, après quatre ans de séjour à la Chambre et quatre rapports dont deux supplémentaires. Les modifications sénatoriales sont en grande partie passées dans cette loi de suffrage universel. (Rapporteur, M. É. Millaud, sénateur renouvelable du Rhône.)

Il faut tout dire cependant : le projet de loi sur les

(1) Les Anglais, dont entre autres la coutellerie de Sheffield était « copiée », ont adopté des mesures rigoureuses pour « la purification du commerce ». (*Marchandise Marks act*, 23 août 1887.)

prud'hommes commerciaux, adopté par la Chambre, a été repoussé par le Sénat avec une prudence et une jurisprudence qui ont pu paraître excessives (28 février 1889, *J. off.*, p. 178.)

3° Sécurité des transactions.

Modification à l'article 9 de la loi du 23 mars 1855 (hypothèque légale de la femme), réclamée par tous les notaires et hommes d'affaires, au nom de la sécurité des transactions, pour protéger l'acquéreur contre le droit de suite. (13 février 1889.)

Était également attendue la loi qui modifie les articles 101 et 106 du Code de commerce. Naguère la simple réception des objets transportés et le paiement du prix de voiture éteignaient toute action contre le voiturier ; le texte nouveau du 13 avril 1888 (rapporteur M. Munier, sénateur renouvelable du Rhône), accorde *trois jours* pour notifier une protestation motivée. Le commerce se plaignait vivement de pertes, avaries et retards divers. On comprend qu'il s'agit ici moins des voituriers que des puissantes Compagnies de chemins de fer, vis-à-vis desquelles la lutte peut paraître quelquefois inégale — malgré l'égalité devant la loi.

4° Défense du commerce français.

La loi qui réserve au pavillon national la navigation entre la France et l'Algérie (2 avril 1889), a été adoptée par le Sénat en deux délibérations sans discussion, le 15 et le 21 mars, soit un retard de six jours, réglementaire, il est vrai.

Mais en l'absence de toute contradiction, l'utilité de ce double débat aphone semble échapper (1).

(1) Cette loi, celle sur la marine marchande et la prorogation toute récente (31 juillet 1890) de son article 2, si utilement

De même, est adoptée sans discussion par le Sénat (rapporteur Tolain), la modification des droits de douane sur les sels étrangers. Les salines anglaises de libre exercice, placées près des houillères, utilisant parfois la chaleur des hauts-fourneaux, peuvent donner à 1 fr. 10 les 100 kilos un sel quelquefois embarqué à Liverpool comme lest. Or, comme pour toutes nos frontières, sauf celle de Belgique, on ne le taxait qu'à 0 fr. 60 de droits, il prenait toujours ces frontières favorables pour ruiner notre production. La loi du 19 avril 1889 a élevé la pénétration, — d'où qu'elle vienne, — au tarif de la frontière belge, 2 fr. 50.

D'aussi bonne défense française a été la première des six lois sur les sucres, celle du 29 juillet 1884 qui, en réglant l'impôt sur la richesse saccharine de la betterave et en le fixant au taux bienveillant de 6 pour 100, a produit une telle émulation concurrente que le rendement de 6 kilos s'est élevé à 10 kilos 25 de sucre par 100 kilos de betteraves. Tout ce rendement au-dessus de 6 kilos, d'abord exempt, a pu être, par lois successives, ramené à 10, puis 20, puis aux 30 francs de droit actuel par 100 kilos (5 août 1890), sans menaces pour nos usines défendues contre l'étranger par une surtaxe de 7 francs. (Art. 7.)

Parallèlement, la production agricole des betteraves est montée de 3,655,000 tonnes, exercice 1884-85, aux 6,665,000 tonnes actuelles. (*Journ. offic.*, 1890, p. 818, A.)

Tout aussi protectrice est la loi récente sur « les maïs et les riz », du 8 juillet 1890. Le maïs donne un amidon appelé, on ne sait guère pourquoi, amidine, qui fait du

défensif : « Tout navire étranger francisé postérieurement au 29 janvier 1891 n'aura pas droit à la prime de navigation », la loi sur l'hypothèque maritime (10 juillet 1885), l'autorisation au ministre de la Marine de concéder à l'industrie les constructions neuves de la flotte pour une valeur de 58 millions, texte voté à l'unanimité du Sénat, ont sauvé la marine marchande, l'armement et les constructeurs d'une ruine causée par la loi impériale sur la liberté des pavillons (1866).

glucose, sert à la papeterie, blanchisserie et apprêts, absolument comme toutes les fécules, — mais moins cher.

Les féculeries des Vosges, qui n'ont que la pomme de terre, étaient déjà en souffrance sérieuse. Pour les distilleries, le maïs menaçait, de loin encore, il est vrai, les betteraves et pommes de terre indigènes : 285 kilos de maïs, coûtant 28 fr. 50, donnent 1 hectolitre d'alcool.

Devant ces faits (1), malgré l'argumentation de valeur de MM. Poirrier, sénateur renouvelable de la Seine, et Guyot, du Rhône, le Sénat, pensant comme M. Foucher de Careil « que la première des lois économiques est de conserver son marché intérieur », a adopté un tarif de 3 francs maïs, 5 francs farine, 8 francs riz entier, en farine ou semoule. Ces droits compensateurs protégeront l'agriculture, nos distilleries et féculeries contre quelques distillateurs de maïs pourvus de façon externe par les États-Unis et la Plata (2).

(1) Une forme ingénieuse d'exportation du maïs américain, « le roi des grains », se faisait sous les espèces de viande de porc (*hogs*); la loi qui l'a interdite n'a pas, plus que pour le pain, « affamé » et surélevé les prix. (V. p. 14.)

(2) Autres lois de protection commerciale votées par le Sénat depuis 1882 : Sur la fabrication et le commerce des armes, 11 juillet 1885; le taux et l'intérêt de l'argent en matière de commerce, et le titre des objets d'or et d'argent, 25 et 26 janvier 1884; les communications télégraphiques et téléphoniques à établir par l'État; les marchés à terme (8 avril 1885), détruisant l'inconcevable *exception de jeu*, etc.

A l'étude : les patentes sur les *Grands Magasins*, appelés un peu durement « magasins de main-morte »; l'obligation pour nos consuls-diplomates de déroger au commerce; la révision des traités de commerce avec engagement n'engageant pas pour trop longtemps, etc.

CHAPITRE III

FAITS du Sénat pour la PROTECTION SOCIALE

1° Défense préventive de la société.

L'œuvre du Sénat est ici le plus marquée. Son initiative a créé des lois tout à la fois défensives et d'amélioration sociale, préface d'une grande réforme pénitentiaire attendue.

Le but est d'éviter le plus possible la prison en commun, école de relations, entraînements, conseils et menaces à la sortie, qui ramènent fatalement — en cercle vicieux — à la prison.

L'isolement, sur lequel on avait beaucoup compté avec la loi du 5 juin 1875, n'a été introduit, depuis quinze ans, que dans 20 maisons départementales sur 366.

Il eût fallu des millions, et M. Bérenger, l'âme de tous ces progrès, a pu s'écrier dans une interpellation utile (1) : « Si l'on continue, il faudra plus de quatre siècles pour mener à bien l'application de la loi. »

(1) Les interpellations, pour être plus courtes et courtoises.. qu'ailleurs, n'en demeurent pas moins nombreuses au Sénat : 97 en 9 ans, dont un tiers par M. de Gavardie, spécialiste.

(*Journ. offic.*, 27 janvier 1888.) Aussi a-t-il déposé un projet de réforme des prisons départementales dites de courtes peines, déjà étudié par le Sénat (1er mars 1889). La claustration cellulaire, dure, mais de rentrée en soi-même, est limitée à un an. (Art. 1er.) Il faudra négocier patiemment une cession des bâtiments à l'État, contre décharge partielle des obligations départementales ; 19 maisons sont déjà classées ainsi, mais il est à prévoir que cette réforme du bâtiment est à long terme.

On a voulu dès lors réformer l'homme. La loi d'initiative sénatoriale sur les « moyens de prévenir la récidive (libération conditionnelle, patronage, réhabilitation » a été l'objet de retards qu'une étude sérieuse patiemment menée explique pour les deux Chambres. Contenue en germe dans l'initiative prise par le préfet de police Benjamin Delessert, qui abaissa la récidive de 75 à 7 pour 100 en mettant en apprentissage des enfants de la Petite-Roquette, la libération anticipée, après partie de la peine subie, a fait son tour d'Europe et d'Amérique (1). Elle a transformé la peine en outil de réhabilitation. Cette dernière, autrefois l'objet de difficultés et formes qui équivalaient à une deuxième condamnation publique, est simplifiée par l'article 10 de la loi du 14 août 1885 ; le réhabilité peut se faire délivrer sans frais une copie de sa réhabilitation et de son casier judiciaire, diplômes de son retour au bien.

De même initiative sénatoriale, « l'aggravation progressive des peines en cas de récidive, et leur atténuation au cas de premier délit », a pour but de proportionnalité logique :

1° De substituer, dans les peines légères, l'amende ou le sursis à cette prison, véritable cours d'adultes du crime ;

(1) A Bruxelles et Anvers, sur 273 sursis, il n'y a eu que 60 révocations. En France, un rapport est fait chaque année (art. 12) mais trop récemment pour des conclusions sérieuses.

2° D'atténuer le casier judiciaire, la « marque » moderne;

3° D'effrayer (Fallières) les récidivistes saisonniers qui viennent prendre, comme de pauvres oiseaux frileux, une sorte de quartiers d'hiver en prison. Les principales dispositions de ce projet sont le sursis facultatif en première peine, entraînant au bout de 5 ans de bonne conduite l'annulation avec radiation du dossier (art. 1 et 5). Au contraire, pour les récidives, peine double avec 5 à 10 ans d'interdiction de séjour. (Art. 7.)

La Chambre, à la suite du Sénat, est entrée dans la même voie par une loi (24 janvier 1889) qui rend à certaines catégories de condamnés (peines ne pouvant entacher ni l'honneur ni la considération) le droit de vote et d'éligibilité; adoption par le Sénat sans modifications.

Ces projets ou lois, avec celle sur les récidivistes (28 mai 1885), à laquelle M. Barbey, sénateur renouvelable du Tarn, fait ajouter un amendement judicieux (art. 4), avec le projet sur la détention provisoire à imputer sur la durée des peines prononcées (deuxième délibération au Sénat, décembre 1889), sont des tentatives bonnés de réconciliation de la Société avec ses ennemis... réconciliables (1).

2° **Lois d'aide sociale.**

MM. Maze, sénateur renouvelable de Seine-et-Oise, et Guyot, ont eu l'initiative d'un projet de loi sur la Caisse des retraites pour la vieillesse, auquel 8 autres projets sont venus s'ajouter, de 1881 à 1883. Cette

(1) Pour les irréconciliables, un projet adopté par le Sénat sur l'aggravation des travaux forcés en cas de commutation de la peine de mort, constate que la transportation effraie moins que la réclusion, coûte 375 francs de transport et 1 fr. 70 par jour et par condamné, et conclut à 6 ans de cellule avant la transportation. (*Ann.* 902, 1890.)

caisse, qui ne devait rien coûter à l'État dans l'esprit de ses fondateurs républicains de 1850, a coûté, il faut tout dire, 72 millions.

On avait perdu de vue la nécessité d'équilibrer l'intérêt servi par le taux de placement, de façon à ce qu'il n'y ait ni profit ni perte pour le Trésor. Le Sénat a fait admettre les versements pour plus de 1,200 francs de rente par les Administrations civiles non admises aux pensions civiles et par les Sociétés de secours mutuels (art. 7), les versements en timbres-poste, la propriété personnelle des versements antérieurs au mariage (Lenoël, art. 12), enfin une rectifiation des tables de Deparcieux, datant de 1746, sur lesquelles, au grand bénéfice des sociétés d'assurance anglaises mieux inspirées, on s'était endormi.

Dû également à l'initiative de M. Maze et déjà vieux de neuf ans, un peu grâce à la complexité de ses huit titres et vingt-sept articles, le projet de loi sur « les *Sociétés de Secours mutuels* » a été modifié à nouveau par la Chambre le 14 juin 1889, ce qui l'oblige trop réglementairement à nouvelle présentation et nouveau rapport à la nouvelle législature.

Il traite du but de la fondation des sociétés, constitution et homologation des statuts, droits et obligations, dotations, subventions, secours, dissolution et liquidation, ce qui arrive malheureusement quelquefois, enfin il exige un rapport annuel sur la mortalité pour moderniser les trop immortelles tables de Deparcieux; l'article 3 effaçant la loi impériale de 1852 établit qu'il suffira, comme sous la deuxième République, de déposer les noms et statuts aux mairies ou préfectures (1).

Une deuxième loi d'amnistie, aide sociale fraternelle,

(1) Un projet sur l'Assistance médicale gratuite vient d'être déposé par le Gouvernement (5 juin 1890) : — Art. Ier. Tout Français privé de ressources reçoit *gratuitement* de la commune ou du département où il demeure l'assistance médicale, de préférence à domicile où à l'hôpital. Cette aide sociale ne paraît devoir s'appliquer qu'aux Français.

a été votée en 1889. Le général Arnaudeau, sénateur sortant de la Vienne, et arabophile distingué, en a demandé le bénéfice pour les insurgés arabes de 1871. « Je dis que Mokrani est mort après s'être comporté en homme brave, courageux et loyal.

M. le sous-secrétaire d'Etat. — Après avoir tué combien de Français ?

M. Mauguin. — Combien de femmes et d'enfants?

Le général Arnaudeau. — Ce sont là les tristes conséquences de la guerre.

Un sénateur *à gauche*. — C'était la révolte, cela.

M. Maze. — Sous prétexte de défendre les Arabes, c'est le procès de la France que vous faites. » (*J. Off.*, 1889, p. 1035.)

Enfin, après l'aide aux vivants, l'aide aux morts par respect religieux de leurs dernières volontés; la loi sur la liberté des funérailles du 27 septembre 1887 est bien connue, nous ne la citons que comme loi de 7 ans (voir loi de 10 ans p. 21). C'est un exemple de plus d'un va-et-vient de corde sans fin. Proposée à la Chambre en 1880, adoptée le 27 juin 1882, elle est modifiée par le Sénat un an après ; revenue à la Chambre, elle y reste en un sommeil invraisemblablement profond, pendant 2 années pour n'aboutir, à la législature suivante, qu'à un nouveau renvoi au Sénat. Celui-ci l'adopte sans discussion, de guerre lasse, et la promulgation a lieu.

Ce tour des deux Chambres en quatre-vingts mois n'est imputable que pour un an et demi aux lenteurs sénatoriales, ce qui est contraire à bien des idées admises, mais ressort des *faits*.

3°. Lois d'amélioration judiciaire.

La réforme de l'*Organisation judiciaire* (30 août 1883), proposée à la Chambre par M. Rubillard, aujourd'hui sénateur sortant de la Sarthe, a subi en quatre ans un contre-projet, des retraits, des ajournements, cinq propositions et quatre rapports — ce qui n'est pas de vicissitudes ordinaires.

En glissant quelque peu sur ces temps qui semblent reculés, nous dirons que la Chambre alla jusqu'à voter l'élection et le Sénat la mort avec phrases des tribunaux jugeant moins de cent cinquante affaires (1), mais tous deux en revinrent pour aboutir un peu étroitement aux « éliminations sur l'ensemble du personnel. »

Neuf présidents de Chambre, cent quatre-vingts conseillers, quatre cent trente-un juges, onze avocats généraux et deux cent vingt substituts furent ainsi économisés, et, sur l'initiative du Sénat, il fut créé un Conseil supérieur de la Magistrature, exercé par la cour de cassation, en assemblée plénière, toutes chambres réunies.

Cette loi qui, descendue des principes aux personnes, n'était plus aussi magistrale, fut votée par cent quarante-quatre sénateurs contre cent vingt-neuf.

La loi, celle-ci d'initiative sénatoriale, sur la procédure à suivre en matière de divorce et séparation de corps, a judicieusement simplifié la procédure, et diminué les délais d'instance, toutes améliorations pour l'application de la loi de 27 février 1884 sur le divorce due à M. Naquet, intéressé.

De même simplification, la procédure à suivre devant les conseils de préfecture, ce Conseil d'État départemental (6 titres, 68 articles). La loi sur les conseils de 1865 devait être suivie de dispositions que l'Empire oublia de légiférer.

Toutefois nous devons dire impartialement qu'on en

(1) Il y a en France 57 tribunaux jugeant moins de cent affaires et Barcelonnette même n'en retient que 18. Mais outre le rachat des charges des officiers ministériels, il faut attendre la loi très prochaine comme l'a tout récemment promis M. Fallières (8 novembre 1890) d'organisation et d'attributions plus larges des justices de paix. Elle *possibilisera* pour ainsi dire ces diminutions comme le rengagement des sous-officiers a possibilisé le Service de trois ans

a repris le texte intégral adopté en deuxième délibération par le Sénat (5 février 1889). Enfin le projet sénatorial Bozérian sur « l'entrée dans la magistrature », pris en considération le 28 mars 1889, complète une série de lois sociales — un peu à leur début, — mais où se fait sentir la généreuse initiative de la Chambre haute (1).

(1) Autres lois de protection sociale votées par le sénat : Répression d'outrage aux bonnes mœurs par affiches, imprimés ou charges obscènes (4 août 1882). Etat civil régulier des indigènes d'Algérie, loi de protection des colons (29 mars 1882). Organisation de la juridiction française en Tunisie. Rapporteur, M. Jacques, sénateur renouvelable d'Oran, (28 mars 1883), surtout la loi bien d'initiative sénatoriale « sur les enfants maltraités ou moralement abandonnés » (Th. Roussel) du 24 juillet 1889.

CHAPITRE IV

Lois de PROTECTION OUVRIÈRE

Par les divergences de vues, les demi-concessions et ses aller-et-retour, la loi sur les Syndicats professionnels paraît un argument de fait contre le dualisme qui devint presque un duellisme parlementaire.

Ce texte repassa six fois, tant au Sénat qui lui consacra 17 séances qu'à la Chambre où il en eut dix. C'était preuve d'une étude assise et rassise. Cela n'empêcha nullement la droite de demander le renvoi à une loi plus large sur les associations dans l'espoir d'un ajournement plus large encore.

Le Sénat a repoussé ces largesses.

Mais son action, objet de cette étude impartiale, semble s'être traduite par un rapetissement, un tassement du projet de la Chambre. A l'article 3, les syndicats professionnels ont pour objet l'étude et la défense des intérêts économiques industriels et *agricoles* (1),

(1) Les syndicats agricoles (plus de six cents) livrent au prix du gros les engrais et machines diminués de 50 pour 100; quelques-uns vendent leurs produits, 2 dans le Jura et la Lozère ont tenté les banques de crédit agricole, tous ont des laboratoires pour analyse de terres, engrais, etc. (Congrès de 1889.)

le Sénat ajoute le mot *exclusivement* qui n'est pas d'une confiance sans limites ; à l'article 5 l'Union des syndicats lui apparaît en fédération révolutionnaire possible d'un million d'individus avec existence légale et personnalité civile. Ce n'est qu'aux conciliations ultimes que ce spectre-ouvrier s'est montré aussi immatériel que des spectres antérieurs.

En dernière heure, M. Marcel Barthe abandonne les dispositions contraires à la loi sur la presse et à l'inviolabilité du domicile (art. 7), et M. Bozérian fait ajouter ce paragraphe pratique : « Les avis du syndicat sont tenus à la disposition des parties qui pourront en prendre connaissance et copie. » (Art. 6.)

Cet esprit de défiance de l'ouvrier, que par une défiance d'égale valeur celui-ci retourne au bourgeois, s'est traduit à trois reprises, montrant que si le Sénat est admirablement républicain (voir p. 56) il n'est peut-être pas aussi démocratique. C'est affaire aux électeurs de l'obliger à une qualité qui seule le rendra longuement viable.

La première de ces preuves est la loi sur les délégués mineurs spécialisée par le Sénat en *délégués à la sécurité des mineurs*, avec souci de bien préciser qu'il ne s'agit ni de débats pour le travail et le salaire, ni « d'état-major de grève » (1).

Toutefois, bien que le texte, de 1882 à 1890 — et on en a eu le loisir — ait été amoindri, le Sénat républicain a voté avec tout son cœur la loi réduite à un rôle de philanthropie et de fraternité. M. Blavier, de la droite, a dit au contraire : « Cette loi ne répond à aucun besoin sérieux. » (*J. Off.*, 1890, p. 683.) Et ce disant, il a déposé pour que cette loi inutile « ait du retard », des amendements que le seize sénateurs sortants de la droite ont votés.

(1) 804 grèves depuis 1874, dont 140 il est vrai pour les mines et la métallurgie, mais 123 pour le bâtiment et 310 pour les industries textiles : Nord, 172 ; Seine, 103 ; Marne, 39 ; Isère, 32, etc.

Si bien que M. Yves Guyot, ministre des travaux publics, a pu dire : « L'honorable M. Blavier a déposé trois amendements pour améliorer la loi revenue de la Chambre, mais en réalité il a combattu dans son discours le principe même de la loi. » (*J. Off.*, 1890, p. 684.)

L'article 6 porte que les ouvriers et anciens ouvriers sont éligibles — au scrutin de liste. (Art. 4.) Les délégués (art. 16) doivent visiter deux fois par mois les puits, galeries et chantiers, les appareils servant à la circulation et au transport des ouvriers. Un crédit a été voté par loi récente du 30 juillet 1890 ; la dépense totale sera de 162,997 francs pour les délégués, délégués suppléants, frais de tournées, etc.

Il faut l'avouer, une deuxième preuve de prudence décidée semble fournie par la discussion « des rapports des grandes compagnies de chemin de fer avec leurs agents commissionnés » revenue le 21 juillet 1890 au Sénat après un premier voyage circulaire.

La majorité a estimé qu'il n'y avait pas de loi à faire ; que l'article 1780 sur le louage, suffit avec le droit commun.

M. Tolain. — C'est la maladie du droit commun.

M. Yves Guyot. — La loi de 1791 voulait empêcher tout retour de contrat féodal ; plus tard, quand on publia le code Napoléon, l'esprit était de faire le contrat léonin au bénéfice de l'employeur et fragile à l'endroit de l'employé.

De fait les Compagnies tiennent leurs agents par le renvoi ou la descente de classe, et ceux-ci ont quelque insécurité du lendemain. Le débat roule tout entier sur le caractère de « service public » des chemins de fer ; et l'article 2, qui ne peut obtenir la pénétration au Sénat, est repoussé le 20 juillet 1890. MM. Millaud (Rhône), Peyrat (Seine) et Mathey, sénateur renouvelable de Saône-et-Loire, ont défendu la loi renvoyée à une deuxième délibération — actuellement en discussion vive (27 novembre).

La « responsabilité des accidents dont les ouvriers sont victimes dans leur travail » (Carnot), a eu, comme les projets précédents, pour principal adversaire, tout en jurant l'améliorer à coups d'épingle d'amendements, le même M. Blavier, et pour défenseurs MM. Poirrier, Félix Martin, Cordelet, sénateurs renouvelables qui, pour se montrer moins affectionnés dans le discours, désirent peut-être plus fraternellement une promulgation.

Cette loi sur les « Infortunes du Travail (1) », sujette à tant de renvois aux commissions, recommencements et déchirures, que M. Tolain l'a dite « toile de Pénélope », est cependant adoptée en principe par le Sénat dans l'article 1er qui est tout le projet. En fait la responsabilité patronale existe. Mais jusqu'où? Pour les accidents dits « actes de Dieu », par la loi anglaise, ouragans, orages, inondations, le Sénat n'admet pas de responsabilité, bien que ses votes si fraternels de crédits pour les inondés semblent impliquer une vague idée de responsabilité de tous les contribuables. Il établit une « catégorie » d'accidents par la distinction entre le risque professionnel et la faute lourde pour ne pas toucher, de peur d'écroulement, au Code civil.

La Chambre, avec moins de révérence pour ce volume, a adopté l'irresponsabilité absolue de l'ouvrier (13 mai 1890). Tout le litige est là.

Sur la fixation de l'indemnité, demi-salaire pour incapacité temporaire de travail; art. 2, pour la permanente pension viagère dont un tiers peut être alloué par provision, sur l'*assistance judiciaire* accordée par le juge de paix; art. 11, la procédure *sommaire* due à l'intervention de M. Cordelet, et même sur le titre IV, *assurances*, il paraît y avoir non accord

(1) La première association de « Secours aux blessés du travail » fut humanitairement créée à la Société industrielle de Mulhouse, par M. Engel Dollfus, dès 1867.

parfait mais possible. Et fait qui semble un argument de plus avec d'autres (voir p. 10 et 22) pour le renouvellement partiel, le Sénat semble avoir besoin de pressentir les nouvelles visées de la nouvelle Chambre. (*J. Off.*, 20 mai 1890, p. 486) (1).

Il faut tout dire, une quatrième loi ouvrière en retard est celle sur le « travail des enfants, des filles mineures et des femmes dans les établissements industriels ». L'accord cependant semble devoir être prochain. Le rapporteur, M. Charles Ferry, sénateur renouvelable des Vosges, a paru traduire en deuxième délibération le sentiment du Sénat. « Il y a lieu d'interdire à la femme le travail de nuit, attentatoire à la morale et à la mission des mères de veiller sur leurs enfants et de ne jamais les quitter. » (*Très bien, très bien sur un grand nombre de bancs.* (*J. Off.*, 1889, p. 1142.) (2)

Toutefois, si pour ces lois et même celles votées avec moins de lenteur sur la responsabilité dans les incendies, proportionnelle à la valeur locative (6 janvier 1883), application de la loi sur la durée de la journée de travail (16 février 1883,) Conseils de prud'hommes (12 décembre 1884), familles ayant sept enfants vivants (8 août 1885) (3), le Sénat a paru manquer de quelque décision et d'une initiative plus diffusée par ailleurs, il faut faire un départ équitable des responsabilités.

Parmi les sénateurs républicains renouvelables, beau-

(1) En présence de ces discordes, le gouvernement vient de déposer un projet qui adopte beaucoup des vues de la Chambre et conclut à une nouvelle caisse d'assurances contre les accidents. (28 juin 1890.)

(2) Un projet de loi sur la sécurité des ouvriers et la salubrité des établissements industriels (déjà assurées pour les enfants et femmes en 1874), vient d'être déposé par le ministre, M. J. Roche, 5 juin 1890.

(3) Toutefois l'exonération dont bénéficaient des millionnaires vient d'être restreinte aux familles dont la contribution personnelle ne dépasse pas 10 fr. (Loi du 8 août 1890.)

coup ont montré une confiance absolue, dans l'Ouvrier, quelques-uns ont paru faire preuve d'une défiance partielle, au point de vue politique, mais tous ont voté de tout cœur les améliorations économiques et fraternelles.

La Droite seule a montré pour la démocratie ouvrière une défiance totale bien fondée — et partagée.

CHAPITRE V

Protection de l'INSTRUCTION NATIONALE

1° L'obligation de l'instruction (1).

La loi sur l'Enseignement obligatoire (28 mars 1882), vivement défendue au Sénat par M. Tolain, y fut attaquée en termes non moins vifs par l'ancien Ministre des Travaux Publics du 16 mai (2), M. Paris, sénateur sortant du Pas-de-Calais : « Si, par malheur » et contre mon espoir, ce projet marqué au coin » de l'intolérance et de l'irréligion était converti en » loi, une immense clameur s'élèverait pour protester » d'un bout de la France à l'autre ; elle rencontrerait » tant d'obstacles et de résistances, sachez-le bien, » qu'elle deviendrait inapplicable. »

Neuf années ne pourront faire oublier en janvier 1891, aux électeurs sénatoriaux du Pas-de-Calais, combien ces paroles excessives ont été démenties par les *faits*.

(1) La *Gratuité* est par sa date, 16 juin 1881, en dehors de notre étude.

(2) Un coup d'Etat qui *a eu peur* comme le boulangisme, ce que les Français ne pardonnent pas.

2° Neutralité.

La loi de neutralité religieuse du 15 mars 1886, dont la discussion au Sénat n'occupe pas moins de 25 séances en première et deuxième délibérations et 417 pages de l'*Officiel* y a été, on le voit, l'objet d'une lutte — pour l'existence.

En effet, cette loi, rapporteur M. Ferrouillat, sénateur renouvelable du Var, établissait sous délai déterminé la neutralité religieuse de toutes les écoles primaires de France et la réforme de ce personnel que la lettre d'obédience ne suffit pas à rendre littéraire.

MM. Paris, Halgan, général Robert et Porriquet, sénateurs renouvelables, ont renouvelé là leur agitation de contre-projets, amendements, paragraphes additionnels, renvois aux commissions, demandes d'enquêtes et autres difficultés destinées certainement, dans leur amour de nos instituteurs et de nos institutions, à améliorer la loi (1).

La tendance des élèves ecclésiastiques à laisser les autres Français se faire tuer à l'ennemi et à sauver le corps en même temps que leur âme s'est traduite par cet amendement de sûreté : « Jusqu'au vote de la loi sur le recrutement, les lois actuellement en vigueur seront maintenues, quant aux écoles dans lesquelles engagement décennal peut être contracté et quant à l'exemption du service militaire. » Nous verrons ce désir de conserver des conservateurs s'accentuer à propos du *Service de trois ans*.

De cette cause aujourd'hui entendue, il ne restera que deux beaux discours de MM. Goblet et Jules Simon. Ce dernier cita la parole de Veuillot : « Quand vous êtes au pouvoir, nous vous demandons la liberté,

(1) Il y a eu jusqu'à 4 scrutins pour l'article 38, 24 autres amendements sur d'autres articles, 2 incidents et une grande recherche de « nouveau » dans les redites.

parce que c'est votre dogme ; quand nous y sommes, nous vous la refusons, parce que c'est notre dogme aussi. » (*J. Off.*, 18 mars 1886, p. 389).

3° Relèvement du Personnel.

Plus près de nous, la loi du 19 juillet 1889, « sur les dépenses ordinaires de l'Instruction primaire publique et le traitement du personnel de ce service », a été discutée à la Chambre en six séances et en dix au Sénat. Président de la Commission, M. Garrisson, sénateur renouvelable du Tarn-et-Garonne.

M. Combes, rapporteur. — Reste à savoir comment vous vous procurerez les 17 millions nécessaires pour l'amélioration des traitements et des indemnités de résidence.

M. Pouyer-Quertier. — On fera une loterie. (Rires à droite.)

M. le général Robert. — On émettra des bons d'enseignement. (*J. Off.*, 1889, p. 714.)

« J'ajouterai qu'en écartant tout contre-projet et en votant la loi, la majorité mettra le sceau à la constitution de cet enseignement gratuit, obligatoire et laïque, qui réalise à cent ans d'intervalle, les trois grandes pensées de la Révolution. (Applaudissements répétés sur un grand nombre de bancs à gauche.)

M. Poriquet, sénateur sortant de l'Orne, trouve, lui, d'autres accents : « Permettez-moi de faire des vœux pour que votre patriotisme vous donne la force de résister à la pression jacobine (*J. Off.*, 5 avril 1889, p. 424). L'ensemble de la loi est voté par 180 sénateurs jacobins contre 73. Ont voté *contre*, parmi les sénateurs renouvelables :

MM. Ancel, général Arnaudeau, de Beauchamp, Biré, Delbreil, Halgan, d'Havrincourt, général de Ladmirault, Libert, Lizot, Paris, Pouyer-Quertier, de la Sicotière, général Robert et — Porriquet.

Les électeurs sénatoriaux qui ont vu mettre en main de tous leurs enfants ce levier de l'instruction, privilège jadis de quelques privilégiés de naissance, n'oublieront pas sous peu de jours ces noms d'obscurantistes à rendre à l'obscurité.

Les autres lois votées par le Sénat sont : la loi du 20 mars 1883, sur les écoles de hameau, rapport Barbey ; celle du 20 juin 1885, construction d'établissements d'enseignement supérieur, secondaire et primaire, rapport Millaud ; la loi du 26 février 1887 sur la dispense des droits d'examen de bibliothèque et certificat d'aptitude au grade de licencié pour les répétiteurs de lycée ; au brevet de capacité pour les élèves d'écoles normales primaires (1).

(1) Pour l'enseignement supérieur, signalons les projets sur l'exercice de la médecine, de la pharmacie, de la médecine vétérinaire, surtout une loi grandiose de Constitution des Universités déposée récemment par MM. Léon Bourgeois et Rouvier.

CHAPITRE VI

L ois de protection — de la PATRIE

L'initiative de presque toutes ces lois revient de droit aux ministères ; mais elles ont duré diversement, et la loi sur l'Administration de l'armée est un type de résistante réforme, d'abus qui tenaient à bien vivre.

Ce fut une véritable « guerre de sept ans » contre l'Intendance restaurée par la Restauration et qui opposa trois projets, un contre-projet, des amendements, six rapports et des contre-attaques ingénieuses.

La Droite appuya cette belle défense d'un Corps favorablement vu par elle, mais cela moins au Sénat qu'à la Chambre, qui garda la loi six ans (exactement : 22 décembre 1876 — 16 février 1882) et où un président de commission rare, le général de Chanal, en ne réunissant ses « présidés » qu'à périodes rares, fit durer le jeu pendant trois ans avec une force d'inertie plus rare que tout. Le Sénat vota la loi en 10 mois (1) et il ne

(1) Rapporteur M. de Freycinet, aujourd'hui Ministre civil de la guerre, qui paraît aussi actif que quelques ministres de la guerre — guerriers.

dépendit pas de lui que les trois principes : subordination de l'indépendance au Commandement, création du contrôle, autonomie du corps de santé (1) aient reçu leur application avant pareil septennat.

La loi relative à une expérience de mobilisation a été votée par 169 sénateurs républicains contre 79 de la droite. Le général Arnaudeau, que nous avons vu prendre les bureaux du Sénat un peu pour des bureaux arabes, parle contre le projet, qu'il qualifie de « mauvais, inutile, périlleux et antipatriotique ». (*J. off.*, 21 juillet 1887.)

L'organisation de l'artillerie, le service militaire des chemins de fer (30 octobre 1888) ; l'organisation des chasseurs à pied (17 décembre 1888), font l'objet de lois qui, une première fois modifiées par le Sénat, sont ensuite acceptées par lui, dans un esprit de cordiale conciliation. Pour « le recrutement des sous-lieutenants de réserve, de l'armée territoriale et de sa réserve », le Sénat, tout en admettant les engagés conditionnels prouvant leur aptitude, marque nettement sa préférence pour les candidats munis du grade de sous-officier.

Les lois anti-allemandes contre l'espionnage (18 avril 1885) ; celle qui, dans un esprit de riposte, abaisse le prix des passe-ports à l'intérieur et à l'étranger, en faisant descendre le droit de timbre de 12 francs à 60 centimes en faveur des Alsaciens-Lorrains, sont dignement votées par le Sénat, sans discussion, — en séance patriotiquement silencieuse.

Enfin, la loi sur le rengagement des sous-officiers

(1) Autonomie complétée par la réorganisation de l'ancienne école de Strasbourg à Lyon, 16 décembre 1888 et par une loi du 13 juin pour laquelle le général Deffis, rapporteur ordinaire des lois militaires, demande l'urgence.

M. Buffet. — Pourquoi l'urgence ? alors supprimez dans le règlement la deuxième délibération ?

Ces paroles de l'un des directeurs spirituels de la Droite paraissent de pure boutade, puisqu'il laisse passer la loi sans discussion.

(18 mars 1889), destinée à former des cadres d'instructeurs et qui y a absolument réussi, après plusieurs promenades militaires de la Chambre au Sénat et retour, a été adoptée sans discussion par ce dernier, le 7 mars.

M. LE GÉNÉRAL DEFFIS, rapporteur.—Les adjudants sont logés, habillés, chauffés; après quinze ans, ils ont droit à un emploi civil; ils touchent 129 francs par mois d'allocations et solde s'ils sont célibataires; 144 francs mariés. Pour moi, j'ai débuté dans l'armée comme sous-lieutenant avec un traitement de 110 francs 25 par mois. »

Ces rengagements, très demandés, en raison de pareils avantages, ont seuls permis d'appliquer la Loi du

Service de trois ans.

Cette loi égalitaire « de tout Français devant l'ennemi » sans que personne puisse s'abriter derrière une toge, une robe, voire une fonction de député ou sénateur, a été, à 3 reprises, discutée en 36 séances au Sénat, à 3 reprises aussi et en 37 séances à la Chambre.

C'est dire combien ses grandes lignes : service de trois ans, suppression du volontariat, dispenses seulement facultatives et n'affranchissant jamais de la totalité du service, taxe militaire, sursis d'appel pour ne pas stériliser les carrières libérales, ont été l'objet d'une longue étude, allongée par quelques-uns, sans préméditation, il faut le croire.

Le général Robert, sénateur sortant de la Seine-Inférieure, a déposé, en deuxième délibération (juin 1888), un contre-projet des paragraphes additionnels et des amendements dont l'effet, non intentionnel sans doute, a été de retarder la loi.

MM. Paris, Halgan et le général Arnaudeau, également sénateurs sortants, de droite, l'ont secondé avec la même imprévoyance et fait durer le débat du 19 juin au 16 juillet 1888.

Les articles 23 et 35, les dispenses, les échappatoires du service, ont comme toujours été le thème de ces petites manœuvres pas toujours savantes.

M. de Carné y confond les brancardiers régimentaires armés avec les brancardiers d'ambulance (p. 1114). M. Paris, et ce qui est plus étrange, un militaire, le général Arnaudeau, proposent en amendement : « Ces jeunes gens (les élèves ecclésiastiques) » ne seront pas astreints à loger dans les casernes » et à se nourrir aux ordinaires. »

M. de Freycinet. — Des soldats externes. (*Rires.*) On l'a essayé dans quelques corps pour le volontariat, ces faveurs ne sont pas vues d'un bon œil dans l'armée ». (*J. off.*, 3 juillet 1888, p. 1103.)

Un an après, en mai 1889, cette ardeur de la droite, pour une guerre de chicane, n'est pas calmée. On voit reparaître les mêmes belligérants qui, avec les mêmes armes et « amendements de retour » demandent d'abord deux délibérations nouvelles pour temporiser. Repoussés par l'urgence, ces irréconciliables de toutes les égalités, même celle du péril, déposent en 8 séances, qu'ils déplorent trop fugitives, 1 contre-projet d'impôt militaire, 6 paragraphes additionnels ou suppressions de mots et 26 amendements déjà connus. Les électeurs sénatoriaux doivent savoir qui a voté contre le service à court terme, le *service de 3 ans*, et quels sont les sénateurs renouvelables — à renouveler.

Ont voté contre :

MM. Ancel, général Arnaudeau, de Beauchamps, de Béjarry, Biré, Delbreil, Dupré, Halgan, d'Havrincourt, général de Ladmirault, de la Sicotière, Libert, Lizot, Paris, Pouyer-Quertier, général Robert et Poriquet. (*J. off.*, 29 mai 1889, p. 632.)

Il y a eu quelques abstentionnistes connus pour montrer une extrême décision dans l'indécision.

La loi sur le Service d'état-major (24 juin 1890) est la plus tard venue de toutes ces lois, mais la droite a tenté de la retarder comme les autres, par tactique.

Général Robert. — Le Sénat a été saisi le 28 mars ; vous voyez donc que nous avons eu moins de temps pour l'examiner que la Chambre elle-même. (*Exclamations à gauche.*)

Amiral Peyron. — Nous avons eu près de trois mois.

Général Robert. — Je pense que le Sénat voudra bien que la discussion qui va avoir lieu ne soit pas trop écourtée.

Général Campenon. — Elle ne le sera certainement pas, du moment que vous êtes là (1).

(1) Autres lois de protection de la Patrie votées par le Sénat : 28 juillet 1883, création de l'artillerie de forteresse ; 12 août 1883, pensions de retraite du personnel non officier de la marine, rapporteur, M. Barbey; 29 mars 1886, modifications apportées au recrutement; 22 juillet 1886, loi sur les engagements volontaires; 28 juillet 1887, création de 18 régiments d'infanterie, 13 de cavalerie; 10 janvier 1890, prorogation à 21 ans de la limite d'âge pour l'École polytechnique; 14 janvier 1890, solde de réserve des officiers généraux portée au chiffre de retraite; réorganisation et établissements militaires d'Algérie, avec affectation de la vente à des *améliorations de casernement*; surtout la loi *d'initiative sénatoriale* sur la Nationalité qui donne à la France plus de citoyens et de soldats. (21 juin 1889.)

CHAPITRE VII

Lois de protection — de la RÉPUBLIQUE

1° Défense de la République

Ici le Sénat se retrouve bien lui-même. D'abord dans la loi relative aux membres des familles ayant régné sur la France présentée par un sénateur, M. Demôle, alors ministre de la Justice, et adoptée par le Sénat le 21 juin 1886.

M. Journault, sénateur renouvelable de Seine-et-Oise : « Je viens ici remplir un devoir républicain sans » colère ni défaillance ; les arguments de droit commun » ont été employés en 1848 pour un prétendant qui ne » paraissait pas devoir être un danger pour la Répu- » blique. On sait à quoi aboutissent de telles générosités. » (*Très bien* à gauche.) Le droit commun des princes » c'est le privilège dans lequel ils vivent et dont ils vi- » vent ; c'est pour cela qu'ils trouvent dans leur berceau » des grands cordons de la Légion d'honneur, reçoivent » en naissant des dotations et des apanages, deviennent » colonels et généraux à l'âge où les simples citoyens » entrent à peine dans la carrière. » (*J. Off.*, 21 juin 1886, » p. 869.)

La Droite demande peu chevaleresquement le scrutin secret, tournoi à visière baissée qui dérobe les responsabilités (141 voix pour, 107 contre.)

Aussi peu chevaleresquement elle se refuse à ce que le général Faidherbe vote de sa place; il est transporté par ses collègues et vote aux cris de « Vive le général ! vive la République ! » (*J. Off.*, 22 juin, p. 902) (1).

La loi relative aux candidatures multiples (17 juillet 1889), celle rétablissant le scrutin uninominal (13 février 1889), rapporteur de Casabianca, toutes deux adoptées en une seule séance par le Sénat, montrent une fois de plus sa décision aux heures difficiles.

2° Pratique des principes républicains

Loi capitale du 6 août 1884 sur l'organisation municipale.

Les électeurs sénatoriaux, préposés qu'ils sont à la direction des affaires communales, apprécient tous et tous les jours cette loi d'*affranchissement des Communes.*

Même le petit nombre de celles non encore ralliées à la République et dirigées par le curé ou le château lui doivent la possibilité d'élection d'un maire hostile, liberté que ne tolérerait aucun autre gouvernement.

L'action du Sénat qui consacra à la loi 24 séances (24 également à la Chambre) a été, il faut tout dire, modératrice. Le publicité des séances simplement *facultative* demandée par M. Barbey est d'abord repoussée pour être en dernière heure à la faible majorité de 130 voix contre 128, adoptée de façon absolue comme le demandait la Chambre.

(1) Il est même fait en séance du Sénat un jeu de mots — latin.
M. Demôle. — C'est surtout aux débuts qu'il faut savoir résister.
Un sénateur. — *Principiis obsta.*
M. Dupouy. — *Principibus obsta.* (Rire général, p. 896.)

En revanche le maire est fait maître chez lui ; des mesures de salubrité et de sécurité publiques ne pourront être prises par le préfet qu'après une mise en demeure du maire restée sans résultat. La Commission du Sénat ajoute qu'en aucun cas l'arrêté préfectoral n'aura un caractère *permanent*. Il y avait possibilité de conflits (art. 117) entre le Conseil et les commissions intercommunales. M. Demôle fait adopter que les décisions des commissions ne seront exécutoires qu'avec ratification des conseils municipaux intéressés ; la Chambre, après une première résistance née d'une prédilection explicable pour les conseils cantonaux, acceptée cette rédaction.

Mais la lutte la plus vive porta sur les rapports du maire et du curé qui demeurèrent fort tendus pendant toute la discussion. (Les maires se souviendront au scrutin de 1891 de leur victoire due à la République.) M. de Lareinty obtient cette réserve diplomatique à l'article 101, que la clef de l'église ne reviendra au maire que si le clocher n'a pas une entrée indépendante, que l'on a dû faire pratiquer en quelques cas. L'article 132, qui donnait à la commune le service à bénéfice des pompes funèbres, a été réservé jusqu'au vote du projet de loi relatif aux inhumations, dont le Sénat est *actuellement saisi*, dit l'*Officiel* (1884, p. 139), mais dont aujourd'hui — six ans après — on semble peu s'être dessaisi.

Ces concessions marquées n'empêchent pas MM. Lucien Brun et Chesnelong de parler, fort éloquemment du reste, de violation du concordat et de commencement de laïcisation des églises.

Loi relative à l'aliénation des joyaux de la couronne (1), 10 décembre 1886, 3 séances au Sénat; M. Hébrard, rapporteur :

« On a voulu en verser le produit à la Caisse des re-
» traites pour la vieillesse, à une Caise des Musées, des

(1) La couronne de Napoléon et le glaive de Louis XVIII (ce qui semble une interversion).

» Invalides du travail ou dans le torrent du budget ». La commission du Sénat fait adopter : une loi spéciale décidera de l'affectation (paragraphe passé dans la loi).

M. de Gavardie ajoute en connaisseur : « Aujourd'hui on aliène tout, c'est une véritable aliénation mentale. » (*J. Off.*, 1886, p. 1117.)

Dans le même ordre d'idées républicain, crédit extraordinaire pour la démolition et l'enlèvement des ruines du Palais des Tuileries, 28 juin 1882, p. 701, adopté par 172 voix contre 69, puis loi sur le transport au Panthéon des cendres de Lazare Carnot, Marceau et Baudin. Rapporteur M. Maze. « Nous aurons en ce temple la triple glorification des armes républicaines de la Révolution française et de la Patrie. » (Applaudissements répétés à gauche.) *J. Off.*, 1er juillet 1889, p. 843.

M. Huon de Penanster, en demandant qu'on rende le Panthéon au culte, fait intervenir Hoche au 18 Brumaire, alors qu'il était mort depuis deux ans.

M. Tolain. — Cela ne fait rien, c'était son ombre.

M. Huon. — Hoche avait une grande tendance à la dictature, et si Bonaparte lui a joué ce tour-là en le mettant dehors... (Rumeurs à gauche.)

M. Maze. — Je vous répète, mon cher collègue, que Hoche était mort au 18 Brumaire: Bonaparte n'a donc pu lui jouer aucun tour.

M. Huon. — Je vous demande pardon; il n'était pas mort du tout. (Assez. — Aux voix). *J. Off.*, 1889, p. 844.

3° Esprit de sacrifice républicain du Sénat

Loi du 14 août 1884 portant « revision partielle des lois constitutionnelles » six séances à la Chambre, quatre au Sénat; ce dernier par 145 voix contre 116 accepte une revision qu'il sait ne menacer que lui.

En effet, au Congrès M. Laguerre demande avec une violence qui ne devait pas rester républicaine, la suppression du Sénat. M. Bernard-Lavergne, sénateur renouvelable du Tarn, propose l'élection du Sénat par le suffrage universel (1). Enfin les articles 1 à 7 établissent que les lois d'organisation de la Chambre haute n'auront plus le caractère constitutionnel.

En conséquence, M. J. Ferry présente au Sénat deux jours après, 16 août 1884, une loi portant « modification de l'élection des sénateurs et de l'organisation du Sénat. »

Celui-ci ne s'exécute pas tout à fait sans phrases — en six séances. Il renvoie deux fois à la Chambre la loi que cette dernière modifie ; mais finit par se soumettre et se démettre, le mandat viager est annulé. En attendant la loi sur les incompatibilités sénatoriales, encore attendue — sans impatience, l'article 8 de la loi de 1875 règle annuellement ces incompatibilités.

L'unité logique d'origine par l'élection des délégués sénatoriaux est désormais acquise.

M. Marcel Barthe avait même proposé d'accorder le vote à tous les conseillers municipaux de France.

Tout cela constitue des amoindrissements voulus, dont il paraît équitable de tenir compte, et de l'esprit de sacrifice desquels on ne s'est peut-être pas inspiré partout à un degré égal.

4° Courage républicain du Sénat.

La loi d'initiative et de courage sénatorial « sur la Procédure à suivre pour juger toute personne inculpée d'attentat contre la sureté de l'État », est étudiée au Senat en six séances, en deux à la Chambre. L'article 7 (Lenoël) porte qu'une Commission de 9 membres élue au scrutin de liste en séance publique et sans débat — au début de chaque session ordinaire, sera chargée de l'instruction (art. 15). Les débats seront publics, présidés

(1) Système reproposé récemment par M. Hubbard et déjà proposé par MM. Floquet et — Naquet.

par le président du Sénat (art. 20). Les sénateurs votent à haute voix ; le président vote le dernier.

Toute interpellation est écartée par la question préalable. (*Applaudissements à gauche.*)

M. Halgan, sénateur de la Vendée. — Vous faites bien de vous accorder des applaudissements, vous n'obtenez pas ceux du pays. (*J. off.*, 8 avril 1889, p. 432.)

Il est juste que les électeurs sénatoriaux sachent quels monarchistes délicats ont voté, en souvenir de Prangins, pour le général suisse des *Coulisses du Boulangisme.*

Ont voté pour, les sénateurs sortants :

MM. Ancel, général Arnaudeau, de Beauchamps, de Béjarry, Biré, Delbreil, Halgan, d'Havrincourt, de Ladmirault, de la Sicotière, Libert, Lizot, Paris, Pouyer-Quertier, général Robert et Poriquet. (*J. off.*, 29 mars 1889, p. 372.)

En exécution de cette loi, sont élus, le 12 avril, membres titulaires de la « Commission d'instruction de la Haute-Cour » (1) :

MM. Merlin, Cazot, *Cordelet*, Trarieux, *Munier*, De Marcère, *Demôle*, Lavertujon, Morellet; vice-président, M. Humbert ; membres suppléants, MM. Develle, de Rozière, Garrigat, Dusolier, Testelin.

(1) Les noms en *italiques* sont ceux des sénateurs renouvelables en 1891.

CHAPITRE VIII

Sénat et Chambre comparés (1882-1891)

Tout a été redit sur la question des deux Chambres et de la Chambre unique. Mais peut-être sans préoccupation suffisante des *faits*. Il nous a paru utile d'étudier avec précision le travail législatif comparé et les responsabilités des lenteurs parlementaires.

1° **Travail législatif.**

1° NOMBRE ANNUEL DES SÉANCES

	SÉANCES PRISES EN							
	1882	1883	1884	1885	1886	1887	1888	1889
Sénat. .	92	113	137	101	95	94	128	100
Chambre	124	145	157	120	116	126	162	125

En 8 ans, **860** séances au Sénat — **1075** à la Chambre.

Il en ressort pour la Chambre une effectivité de travail plus grande de 215 séances — un peu diminuée, il est vrai, par des vérifications de pouvoirs trois fois plus nombreuses.

2° NOMBRE DE LOIS VOTÉES

	Initiative.	Proposées par le Gouvernement.	Venant de la Chambre.
Sénat. .	17	16	151
Chambre	49	102	33

L'initiative du Sénat est moindre, ce qui s'explique, — mais en partie seulement — par son rôle de contrôle et le nombre deux fois moindre des sénateurs.

2° Responsabilité des Retards parlementaires.

1° NOMBRE DE MODIFICATIONS AVEC RENVOIS A L'AUTRE CHAMBRE (y compris les 2e et 3e renvois).

Sénat . . . . 78 Chambre 33

Le Sénat a peut-être usé, dans quelques revisions de textes, d'une circonspection juridique qui demande, comme tous les talents, à être contenue. Toutefois, nous avons montré que la Chambre a sa part de responsabilité de retards inhérents, surtout au renouvellement intégral, qui nécessite nouvelle présentation, nouveau rapport, nouvelles deux délibérations devant une toute nouvelle législature.

2° DURÉE DE PRÉPARATION DES LOIS
(moyenne de 184 lois).

	De la proposition au dépôt du Rapport.	Du rapport à la discussion.	Total.
Sénat . .	2 mois et 22 jours.	67 jours.	4 mois 29 jours.
Chambre.	3 d° et 1 jour.	45 d°	4 d° 16 d°

Le dépôt des rapports au Sénat est plus rapide, ce qui s'explique par ce fait que la discussion et le rapport de la Chambre viennent aider son expérience; mais il faut tout dire, la mise en délibération est notablement plus lente, et en somme il y a retard.

3° Responsabilité des douzièmes provisoires (1).

En revanche, les si regrettables *Douzièmes provisoires*, par retard du budget des dépenses, sont peu imputables au Sénat, d'après les *faits*.

Ainsi, le budget de 1883, présenté le 9 décembre au Sénat, est voté avant fin d'année — 3,044 millions.

Celui de 1884, venu plus tard (17 décembre), est également voté en temps utile — 3,025 millions.

Mais celui de 1885 n'arrive au Sénat que le 22 décembre et n'est adopté que l'année suivante, 28 février, nécessitant trois « douzièmes provisoires ». Certes, le Sénat a partie de la responsabilité pour une belle défense, qu'il est obligé d'abandonner, en dernier lieu, des facultés de théologie, du chapitre de Saint-Denis et des bourses de séminaires. Mais on remarquera que les présentations faites de plus en plus tard et en dernier lieu, huit jours avant fin d'année, étaient de nature à éveiller une susceptibilité — éveillée. — 3,022 millions.

Le budget de 1886 est voté normalement, — 3,015 millions.

Mais celui de 1887 n'est adopté par la Chambre elle-même qu'après fin d'année, et arrive le 7 février au Sénat. Celui-ci n'est donc pour rien dans ce retard, et ses deux douzièmes provisoires, — 2,937 millions.

De même pour le budget de 1888, la Chambre ne peut aboutir qu'après fin d'exercice. Il n'y a transmission que le 19 janvier au Sénat qu'on ne peut incriminer des nouveaux trois « douzièmes provisoires », — 2,975 millions.

Le budget de 1889, présenté le 11 décembre, toujours un peu tard, est cependant voté en temps utile avant l'exercice, — 3,011 millions.

(1) Pour vérification, chercher le budget de 1883 en 1882, et ainsi de suite.

De même celui de 1890, définitivement adopté le 13 juillet 1889, — 3,046 millions.

On voit que sur trois votes de douzièmes provisoires en trois années, et ceci modifiera peut-être quelques idées reçues, la responsabilité reste entière à la Chambre pour *deux des faits.*

Sans doute le Sénat porte un nom difficile compromis par les Assemblées du premier, du deuxième empire et du *16 mai*, homonymes qui ne sont pas de sa famille. En fait, il a moins retardé les lois et montré plus d'initiative qu'on ne le croit de loin sans le lire.

Pour la République en danger, il a su trouver un jeune courage.

Nous avons dit — avec indications précises pour vérification facile — les sénateurs qui ont fait du travail utile ou de l'obstruction inutile, et du désordre travaillé.

L'électeur sénatorial auquel ses fonctions de conseiller du Département, de l'Arrondissement ou du Municipe font toucher du doigt l'urgence et la difficulté des réformes que garde l'avenir, saura choisir d'après — *les faits.*

4° La Pente Républicaine.

Le Sénat, qui avait voté la **gratuité** de l'enseignement primaire le 5 avril 1881, par 163 voix contre **104**, a adopté :

L'**obligation** (24 mars 1882) par 179 voix contre **108**;

La **neutralité religieuse** (après le renouvellement triennal de 1885, série A (Allier-Gironde), par 171 voix contre **100** (*J. Off.*, 1886, p. 512);

Puis le service *de 3 ans* (après l'élection de la série B (Gironde-Orne, en 1888), par 181 voix contre **85** ;

Enfin le relèvement du personnel de l'enseignement primaire le 21 juin 1889, par 180 voix contre **73**.

C'est une déprogression arithmétique de l'obscurantisme.

Ce même Sénat, au *16 mai — il y a treize ans* — avait voté la dissolution de la Chambre, on peut dire avec Gambetta : de la République, par **150** voix.

Et parmi les sénateurs sortants en 1891, il en reste **huit** qui ont ce passé d'un vote de dictature :

MM. Ancel, Delbreil, général Ladmirault, de La Sicotière, Poriquet, Pouyer-Quertier, général Robert et Paris — le ministre de ce 16 mai.

En revanche, **douze** autres sénateurs renouvelables : MM. Arago, Foucher de Careil, Chardon, Chaumontel, Feray, Ferrouillat, de Freycinet, George, Huguet, Jobart, Peyrat, Teisserenc de Bort, votèrent pour nous garder la République avec un courage dont on se fût souvenu contre eux à l'occasion.

Il faut s'en souvenir aujourd'hui — pour eux.

FIN

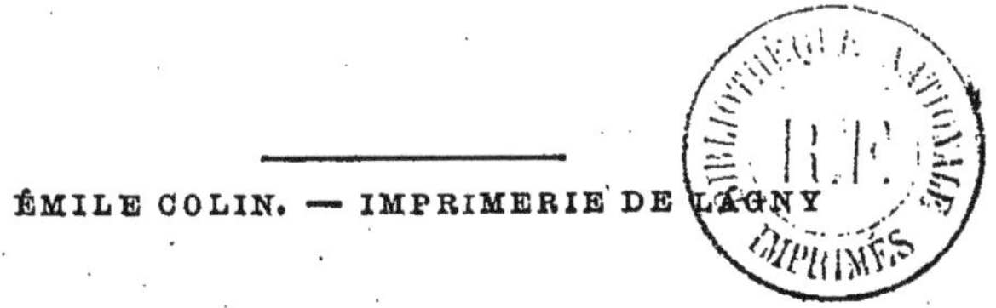

ÉMILE COLIN. — IMPRIMERIE DE LAGNY

www.ingramcontent.com/pod-product-compliance
Ingram Content Group UK Ltd.
Pitfield, Milton Keynes, MK11 3LW, UK
UKHW020423230726
13925UKWH00004B/1581